Historia Natural de la Patagonia

Desde el punto de vista geológico, el paisaje que caracteriza a la Patagonia se considera nuevo. Los bosques, lagos y glaciares de la cordillera andina contrastan con la extrema aridez de la estepa, que se extiende desde el mar hasta las montañas. La meseta patagónica alcanza, en las cercanías de los Andes, una altura de entre 1.000 y 1.500 metros sobre el nivel del mar y en algunos casos llega al Océano Atlántico con alturas de 750 metros. Nacida en el antiguo macizo cristalino del período Precámbrico, la meseta fue cubierta de sedimentos terrestres y marinos, y por mantos de rocas eruptivas y cantos rodados, producto de las glaciaciones y la orogenia andina. La Patagonia es la masa continental más cercana a la Antártida. Esta región abarca los sectores más australes de la Argentina y Chile. En el primer país se extiende desde el Río Colorado (36ºS), por el norte, hasta la Tierra del Fuego, por el sur. Las provincias que la integran son: Neuquén, Río Negro, Chubut, Santa Cruz, Tierra del Fuego (ésta incluye además, dentro de su jurisdicción política, a la Isla de los Estados, las Islas Malvinas (Falklands) y otras del Atlántico Sur y el Sector Antártico Argentino) y una pequeña área de Buenos Aires.

En Chile, la zona llamada Patagonia comprende una superficie mucho más reducida y se extiende desde el Golfo Corcovado, a la altura del paralelo 44ºS, hasta el Cabo de Hornos. Incluye las regiones de Aisén (XI) y la de Magallanes y Antártica Chilena (XII).

Los llamados Andes Patagónicos comienzan, en la Argentina, a la altura del paralelo 39ºS, en Pino Hachado, Neuquén, cerca del límite norte de la Patagonia y llegan, 2.000 km más al sur, hasta la Tierra del Fuego. Presentan cumbres entre 2.000 y 2.500 m y algunas de hasta 3.000 m. Los valles tienen en general forma de U, y grandes cuencas originadas por la actividad glacial. Hacia los 46ºS y hasta los 52ºS aparecen los enormes campos de hielo, de los que se desprenden ríos helados llamados ventisqueros, que se dirigen hacia los lagos orientales (Argentina) y hacia los fiordos de la vertiente pacífica (Chile).

En su trayecto hacia el este, las nubes provenientes del Pacífico desaparecen paulatinamente, a medida que abandonan las montañas. Entre éstas y el Atlántico yace aletargada la tierra que alguna vez emergió del mar, y que ahora está apartada de las lluvias por los grandes picos. Es la estepa patagónica. Vientos fríos y secos barren esta planicie durante todo el año, evaporando la escasa humedad de una tierra sedienta: no más de 150 mm de lluvia anual en promedio riegan su superficie. El suelo arenoso y pedregoso carece de suficiente materia orgánica, por lo que sólo algunos pastos y arbustos de baja altura logran adaptarse a él. En la meseta predominan los cañadones y bajos, excavados por erosión sobre rocas blandas. Las rocas más duras y antiguas logran resistirla y van tomando la forma de "islas". Remolinos de polvo atraviesan antiguos cauces de ríos. En la actualidad, sólo una media docena de cursos de agua importantes hacen su camino desde las montañas hasta el mar. Muchas hondonadas se llenan de agua, formando pozos y lagunas de agua turbia o salobre.

La costa atlántica patagónica se extiende a lo largo de más de 3.000 km. Sus playas pueden ser arenosas o pedregosas, y se alternan con acantilados abruptos que semejan imponentes murallas. En el Atlántico Sur se encuentra la más vasta plataforma continental del hemisferio. Las aguas de esta zona combinan la corriente cálida de Brasil, proveniente del norte, con la fría de las Islas Malvinas (Falklands), creando un mundo submarino de inusual diversidad. En el sector chileno de la Patagonia, al oeste y suroeste de de los Andes, se halla una extensa área de archipiélagos formada por islas de diferentes tamaños, islotes y peñones rocosos, que integran en conjunto un verdadero laberinto geográfico de características singulares. Entre el área marítima del Pacífico ocupada por los archipiélagos, y la parte continental de la región, se extiende en distintas direcciones un gran número de canales.

Patagonia N

From a geological p characterizes Patago and glaciers of the n aridity of the steppe mountains. Today the west it is characteristically damp, while dryness advances progressively in the east. The Patagonian plateau reaches a height of between 1,000 and 1,500 meters above sea level in the proximity of the Andes and, in some cases, meets the Atlantic Ocean at an elevation of 750 meters. Born in the ancient crystalline massif of the Precambric period, the plateau was covered by marine and land sediments, and with mantles of eruptive rock and rolled stones or pebbles, a product of the glaciations and birth of the Andes. Patagonia is the continental landmass nearest to Antarctica. This region encompasses the most southerly sectors of Argentina and Chile. In the first country, it extends from the Río Colorado (36ºS) in the north to Tierra del Fuego in the south. It includes the Neuquén, Río Negro, Chubut, Santa Cruz, Tierra del Fuego (which has political jurisdiction over Isla de los Estados, Malvinas (Falklands) and other islands of the South Atlantic and the Argentine sector of Antarctica), and a small area of Buenos Aires. In Chile, Patagonia is considerably smaller and extends from Golfo Corcovado at 44ºS to Cape Horn in the south. It includes the regions of Aisén (XI) and that of Magallanes y Antarctica Chilena (XII).

The actual Patagonian Andes begin in Argentina somewhat south of the northern limit of Patagonia at 39ºS, near Pino Hachado, Neuquén. From there they run south 2,000 kilometers to Tierra del Fuego. The summits are between 2,000 and 2,500 meters. As a rule, the valleys are u-shaped and have large basins created by glacial activity. Enormous ice fields appear between 46ºS and 52ºS, from which frozen rivers spread toward the eastern lakes (Argentina) and the fiords along the Pacific coast (Chile).

Along their route to the east, the clouds coming from the Pacific gradually disperse as they pass the mountains. Between them and the Atlantic lies a land that emerged from the sea, one now separated from the rains by the high peaks. It is the Patagonian steppe. Cold, dry winds sweep this plain year-round, evaporating the scarce humidity of a thirsty soil: an average of 150 millimeters of rain falls annually on its surface. The sandy, rocky soil lacks sufficient organic matter, therefore only some grasses and low shrubs have been able to adapt to it. In the plateau, the erosion of soft rocks has excavated narrow canyons and lowlands. The hardest and oldest rocks resist erosion and take the form of "islands". Whirpools of dust cross the ancient riverbeds. At present, only a half dozen important watercourses make their way from the mountains to the Atlantic. Many depressions are filled with water, forming wells and turbid or brackish-water lagoons.

The Patagonian Atlantic coast extends for more than 3,000 kilometers. The many beaches are sandy or stony, and alternate with steepe grandiose cliffs. The most vast continental platform of the hemisphere is found on the South Atlantic. The waters of this zone combine the warm current of Brazil, coming from the north, with the cold one from Islas Malvinas (Falklands), creating an underwater world of unusual diversity. In the Chilean sector of Patagonia, to the west and southwest of the Andes, a vast archipelago is formed by variously sized islands, islets and rocky crags, which constitute a very peculiar geographical laberynth: Western Patagonia. Between the maritime area of the Pacific occupied by the archipelagoes and the continental part of the region, there are a great number of channels extending in different directions.

ZONAS ESPECIALMENTE PROTEGIDAS (ZEP)
SPECIALLY PROTECTED AREAS (SPAs)

El propósito de estas áreas es preservar ecosistemas representativos de la Antártida. El ingreso a ellas sólo se permite con permiso firmado por la autoridad de un gobierno participante.

The purpose of these areas is to preserve typical antarctic ecosystems. To visit them, an authorization from a participant government is required.

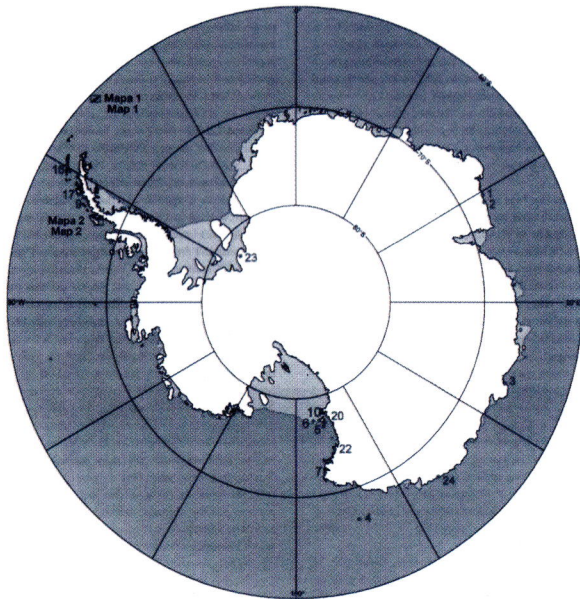

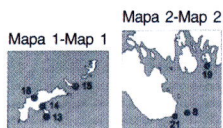

Mapa 1-Map 1

Mapa 2-Map 2

24. **Archipiélago de Punta Geología, Tierra de Adelaida** / Pointe Géologie Archipelago, Terre Adélie. - 6. **Bahía Lewis, Monte Erebus, Isla Ross** / Lewis Bay, Mount Erebus, Ross Island. - 10. **Cabo Evans, Isla Ross** / Cape Evans, Ross Island. - 7. **Cabo Hallet, Tierra Victoria** / Cape Hallet, Victoria Land. - 22. Cryptogram Ridge, **Monte Melbourne, Tierra Victoria** / Cryptogram Ridge, Mount Melbourne, Victoria Land. - 23. **Estanque Forlidas y estanques del Valle Davis, Macizo Duffek** / Forlidas Pond and Davis Valley ponds, Duffek Massif. - 3. **Isla Ardery e Isla Odbert, Costa Budd** / Ardery Island and Odbert Island, Budd Coast. - 21. **Isla Avian, frente a la costa sur de la Isla Adelaida, Península Antártica** / Avian Island, off southern coast of Adelaide Island, Antarctic Peninsula. - 5. **Isla Beaufort, Mar de Ross** / Beaufort Island, Ross Sea. - 8. **Islas Dion, Bahía Margarita, Península Antártica** / Dion Islands, Marguerite Bay, Antarctic Peninsula. - 9. **Isla Green e Isla Berthelot, Península Antártica** / Green Island and Berthelot Island, Antarctic Peninsula. - 19. **Isla Lagotellerie, Bahía Margarita, Península Antártica** / Lagotellerie Island, Marguerite Bay, Antarctic Peninsula. - 17. **Isla Lichfield, Bahía Arthur, Isla Anvers, Archipiélago de Palmer** / Lichfield Island, Arthur Harbour, Anvers Island, Palmer Archipelago. - 14. **Isla Lynch, Islas Orcadas del Sur** / Lynch Island, South Orkney Islands. - 13. **Isla Moe, Islas Orcadas del Sur** / Moe Island, South Orkney Islands. - 2. **Islas Pingüineras, Bahía Holme, Tierra de Mac Robertson** / Rookery Islands, Holme Bay, Mac Robertson Land. - 4. **Isla Sabrina, Islas Balleny** / Sabrina Island, Balleny Islands. - 18. **Norte de la Isla Coronación, Islas Orcadas del Sur** / Northern Coronation Island, South Orkney Islands. - 16. **Península Coppermine, Isla Robert, Islas Shetland del Sur** / Coppermine Peninsula, Robert Island, South Shetland Islands. - 1. **Pingüinera Taylor, Tierra de Mac Robertson** / Taylor Rookery, Mac Robertson Land. - 15. **Sur de la Isla Powell e islas adyacentes, Islas Orcadas del Sur** / Southern Powell Island and adjacent islands, South Orkney Islands. - 20. **Valle de New College, Playa Caughley, Cabo Bird, Isla Ross** / New College Valley, Caughley Beach, Cape Bird, Ross Island.

SITIOS DE ESPECIAL INTERES CIENTIFICO (SEIC)
SITES OF SPECIAL SCIENTIFIC INTEREST (SSSIs)

Son lugares donde se llevan a cabo investigaciones científicas. El ingreso a estos sitios es muy restringido y debe solicitarse un permiso.

Places where scientific investigations are carried out. These are very restricted sites and a permit is required to visit them.

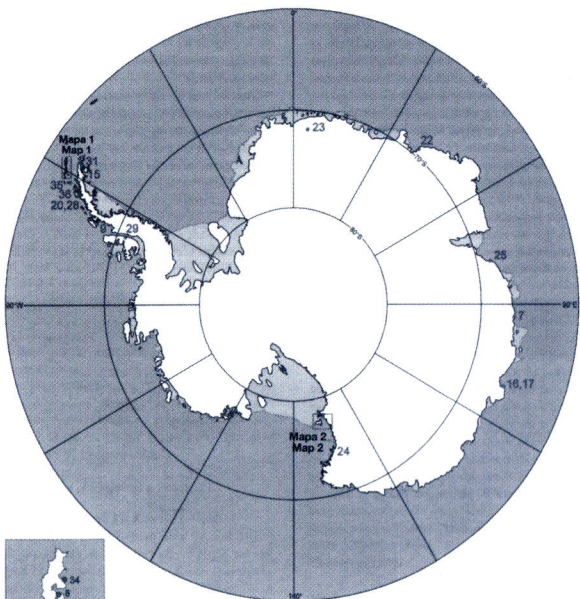

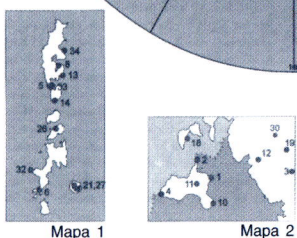

Mapa 1

Mapa 2

30. **Bahía Botánica, Cabo Geología, Tierra de Victoria** / Botany Bay, Cape Geology, Victoria Land. - 26. **Bahía Chile (Bahía Discovery), Isla Greenwich, Islas Shetland del Sur** / Chile Bay (Discovery Bay), Greenwich Island, South Shetland Islands. - 28. **Bahía Sur, Isla Doumer, Archipiélago de Palmer** / South Bay, Doumer Island, Palmer Archipelago. - 4. **Cabo Crozier, Isla Ross** / Cape Crozier, Ross Island. - 1. **Cabo Royd, Isla Ross** / Cape Royds, Ross Island. - 32. **Cabo Shirreff, Isla Livingston, Islas Shetland del Sur** / Cape Shirreff, Livingston Island, South Shetland Islands. - 8. **Costa oeste de la Bahía Almirantazgo, Isla 25 de Mayo** / Western shore of Admiralty Bay, King George Island. - 24. **Cumbre del Monte Melbourne, Tierra de Victoria Norte** / Summit of Mount Melbourne, North Victoria Island. - 2. **Cumbres Arribo, Península Punta Refugio, Isla Ross** / Arrival Heights, Hut Point Peninsula, Ross Island. - 36. **Este de la Bahía Dallmann, frente a la Isla Brabante, Archipiélago de Palmer** / Eastern Dallmann Bay off Brabant Island, Palmer Archipelago. - 12. **Glaciar Canadá, Lago Fryxell, Valle Taylor, Tierra de Victoria** / Canadá Glacier, Lake Fryxell, Taylor Valley, Victoria Land. - 33. **Isla Ardley, Bahía Maxwell, Isla 25 de Mayo** / Ardley Island, Maxwell Bay, King George Island. - 7. **Isla Haswell** / Haswell Island. - 34. **Lions Rump, Isla 25 de Mayo, Islas Shetland del Sur** / Lions Rump, King George Island, South Shetland Islands. - 31. **Monte Flora, Bahía Esperanza, Península Antártica** / Mount Flora, Hope Bay, Antarctic Peninsula. - 16. **Nordeste de la Península Bailey, Costa de Budd, Tierra de Wilkes** / Northeastern Peninsula, Budd Coast, Wilkes Land. - 18. **Noroeste de la Isla White, Fosa de Mc Murdo** / Northwestern White Island, Mc Murdo Sound. - 35. **Oeste del Estrecho de Bransfield, frente a la Isla Baja, Islas Shetland del Sur** / Western Bransfield Strait off Low Island, South Shetland Islands. - 21. **Partes de la Isla Decepción, Islas Shetland del Sur** / Parts of Deception Island, South Shetland Islands. - 6. **Península Byers, Isla Livingston, Islas Shetland del Sur** / Byers Peninsula, Livingston Island, South Shetland Islands. - 17. **Península Clark, Costa de Budd, Tierra de Wilkes** / Clark Peninsula, Budd Coast, Wilkes Land. - 5. **Península Fildes, Isla 25 de Mayo, Islas Shetland del Sur** / Fildes Peninsula, King George Island, South Shetland Islands. - 13. **Península Potter, Isla 25 de Mayo, Islas Shetland del Sur** / Potter Peninsula, King George Island, South Shetland Islands. - 25. **Planicie Marina, Península de Mule, Colinas Vestfold, Tierra de la Princesa Elizabeth** / Marine Plain, Mule Peninsula, Vestfold Hills, Princess Elizabeth Land. - 10. **Playa Coughley, Cabo Bird, Isla Ross** / Caughley Beach, Cape Bird, Ross Island. - 27. **Puerto Foster, Isla Decepción, Islas Shetland del Sur** / Port Foster, Deception Island, South Shetland Islands. - 29. **Punta Ablación, Picos Ganímedes, Isla Alejandro** / Ablation Point, Ganymede Heights, Alexander Island. - 14. **Punta Armonía, costa oeste de la Isla Nelson, Islas Shetland del Sur** / Harmony Point, west coast of Nelson Island, South Shetland Islands. - 20. **Punta Biscoe, Isla Anvers** / Biscoe Point, Anvers Island. - 15. **Punta Cierva e islas próximas, Costa Danco, Península Antártica** / Cierva Point and offshore islands, Danco Coast, Antarctic Peninsula. - 9. **Punta Rothera, Isla Adelaida** / Rothera Point, Adelaide - 23. **Svarthamaren, Mühlig-Hofmannfjella, Tierra de Dronning Maud** / Svarthamaren, Mühlig-Hofmannfjella, Dronning Maud Land. - 19. **Terraza Linnaeus, Cadena Asgard, Tierra de Victoria** / Linnaeus Terrace, Asgard Range, Victoria Land. - 11. **Tramway Ridge, Monte Erebus, Isla Ross** / Tramway Ridge, Mount Erebus, Ross Island. - 3. **Valle Barwick, Tierra de Victoria** / Barwick Valley, Victoria Land. - 22. **Valle Yukidori, Langhovde, Bahía Lützow-Holmbukta** / Yukidori Valley, Langhovde, Lützow-Holmbukta.

Historia Natural de la Antártida

La Antártida posee una superficie de 14.000.000 de km2 y se encuentra casi totalmente cubierta de una capa de hielo de 2.000 metros de espesor, aunque en algunas áreas puede exceder los 4.000 metros. Esta superficie representa cerca del 10 % de las tierras emergentes, siendo mayor que la correspondiente a Europa y Australia juntas y comparable a la mitad de Africa o a un tercio de América. La Antártida es el continente de mayor altura, con un promedio de 2.050 metros sobre el nivel del mar. Entre las altas y extensas cadenas montañosas que la atraviesan, algunas exceden los 4.000-4.500 m.s.n.m. De acuerdo a evidencias científicas se cree que hace 220 millones de años, Gondwanaland (un antiguo megacontinente que incluía a la Antártida, Sudamérica, Africa, India, Madagascar y Australia) comenzó a sufrir un proceso de fragmentación, el cual, en diferentes períodos geológicos, dio como resultado los continentes actuales. La completa separación de la Antártida de otros territorios (el último fue Australia) sucedió hace 65 millones de años, durante la deriva hacia el Polo Sur. Este acontecimiento coincidió con el inicio de un nuevo período glacial, el cual creó las condiciones para la formación de la Capa de Hielo Antártica, cuya antigüedad es de 20-25 millones de años.

Si se removiera todo el hielo que cubre a la Antártida, el continente se revelaría como dos estructuras diferentes, separadas entre sí por una cuenca que se extiende desde el Mar de Weddell hasta el Mar de Ross, y sobre la cual el hielo ha construido un sólido puente. El territorio en el lado este se llama Antártida Este y está formada por una placa continental que representa al núcleo del continente original. En el otro lado, la Antártida Oeste tiene una superficie bastante menor y consiste en varios grupos de islas de diferentes tamaños, separados por estrechos y mares cerrados. Originalmente, este sector formó parte del sistema montañoso que corre a lo largo del límite sur del Océano Pacífico, el cual fue quebrado al sur de Tierra del Fuego durante la fragmentación de Gondwanaland para originar el llamado Arco Scotia (Islas Georgias del Sur, Shetland del Sur, Orcadas del Sur y Sandwich del Sur) y la Península Antártica. La estructura geológica de esta última se halla íntimamente relacionada con la Cordillera Sudamericana de los Andes y su sistema montañoso es llamado Cordillera Andina Antártica. En la Antártida, cuatro sitios diferentes pueden recibir el nombre de Polos. El Polo Sur Geográfico corresponde al punto donde el eje de rotación de la Tierra pasa a través del hemisferio sur. Representa la latitud más austral (90º), donde todos los meridianos se encuentran. El Polo Sur Magnético es el punto donde convergen todas las líneas de fuerza del campo magnético terrestre. Como el campo magnético no es constante, la posición de este polo es variable; actualmente se halla localizado en cercanías de la Tierra de Adelia y su desplazamiento anual es de aproximadamente 10-20 km. El Polo Sur Geomagnético indica la posición del Polo Magnético tomando a la Tierra como un magneto homogéneo; es por lo tanto una definición teórica usada para analizar la variación en el campo magnético terrestre. Se halla ubicado en 78º05'S, 111ºE. El Polo de Relativa Inaccesibilidad es el punto más interior del continente y por lo tanto el más distante de cualquier otra costa. Está en 82º06'S, 56º58'E. El Océano Antártico cubre un área total de aproximadamente 36.000.000 km2, casi un 10 % del total de los mares del mundo. Su límite sur coincide con la costa antártica, mientras que su límite norte se halla definido por una línea imaginaria que corre entre 50º y 60ºS, conocida como Convergencia Antártica. Además de ser un límite oceanográfico, esta constituye una frontera biológica; hacia el sur, todas las formas de vida se hallan adaptadas para sobrevivir en un medioambiente muy especializado. En el área que rodea a la Convergencia Antártica hay un gran número de pequeñas islas y archipiélagos, diseminados en los límites de los Océanos Pacífico, Atlántico e Indico. A diferencia de la región antártica, esta zona circumpolar es generalmente conocida como área subantártica, lo que indica que sus características climáticas, biológicas y oceánicas hacen que se la considere como un ecosistema aparte.

Antarctica Natural History

Antarctica has a total surface of 14,000,000 km2. It is almost completely covered by an ice sheet of 2,000 meters in thickness, though it may exceed 4,000 meters in some areas. This figure represents about 10 % of all emerged lands and is greater than the surface of Europe and Australia, about half of Africa or almost one third of that of America. Antarctica is the highest of all continents with a mean of approximately 2,050 meters above sea level. There are high and extended mountain chains which cross the continent, sometimes exceeding heights of 4,000-4,500 meters a.s.l.

According to scientific evidence, it is believed that approximately 220 million years ago, Gondwanaland (an ancient megacontinent formed by Antarctica, South America, Africa, India, Madagascar and Australia) began to undergo a fragmentation process which, in different geological periods, resulted in the formation of the present continents. The complete separation of Antarctica from other territories, Australia, the last, occured about 65 million years ago during its drift towards the South Pole. This also corresponded with the beginning of a new glacial period which created the conditions for the formation of the Antarctic Ice Sheet, dating from approximately 20-25 million years ago.

If all the ice that conceals Antarctica were removed, the continent would be revealed as two different structures, separating by a basin extending from the Weddell to the Ross Seas, over which the ice has built a solid bridge. The territory on the eastern side is called East Antarctica and is formed by a single continental plate, which represents the nucleus of the original continent. On the other side, West Antarctica has a much smaller surface area and consist of several island groups of different sizes separated by straits and closed seas. It originally formed part of the mountain system running along the southern limit of the Pacific Ocean, which was broken up south of Tierra del Fuego during Gondwanaland's fragmentation to form the so-called Scotia Arch (South Georgia, South Shetland, South Orkney and South Sandwich Islands) and the Antarctic Peninsula. The Peninsula's geological structure is closely related to the South American Andes Range formation and its mountain system is called the Antarctic Andean Range.

Four different points definable as Poles may be identified in Antartica. The Geographical South Pole corresponds to the point at which the earth's rotation axis passes through the southern hemisphere. It represents the sothernmost latitude (90º), at which all meridians meet. The Magnetic South Pole is the point at which all the lines of force of the earth's magnetic field converge. As the magnetic field is not constant, the position of this pole varies accordingly; it is at present located close to the Adelie Land region and its annual displacement is approximately 10-20 km. The Geomagnetic South Pole indicates the position of the Magnetic Pole taking the earth to be a homogeneous magnet; it is thus a theoretical definition use to analyze the variation in the earth's magnetic field. It is located at 78º05'S, 111ºE. The Pole of Relative Inaccessibility is the innermost point of the continent and thus the most distant from any coast. It is located at 82º06'S, 54º58'E.

The Antarctic Ocean covers a total area of approximately 36,000,000 km2, almost 10 % of the world's seas. Its southern limit coincides with the antarctic coast, while its northern boundary is defined by an imaginary line running between 50ºS and 60ºS, known as the Antarctic Convergence. Apart from being an oceanographical limit, the Antarctic Convergence is also a biological frontier; to its south, all forms of life are adapted for survival in a very specialized environment. In the area surrounding the Antarctic Convergence there are a great number of small islands and archipelagos, scattered at the limits of the Pacific, Atlantic and Indian Oceans. Unlike the antarctic region, this circumpolar zone is usually referred to as the subantarctic area, indicating that particular climate, biological and oceanic features make it a separate ecosystem.

Zorro colorado
Red fox
Pseudalopex culpaeus
1,5 m

Zorro gris
Grey fox
Pseudalopex griseus
1 m

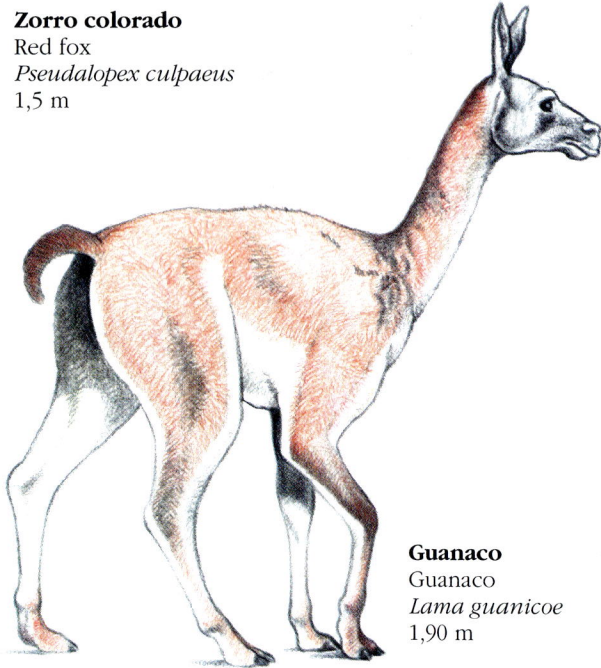

Guanaco
Guanaco
Lama guanicoe
1,90 m

Huemul
Huemul
Hippocamelus bisulcus
1,72 m

Mara
Patagonan cavy
Dolichotis patagonum
80 cm

Pudú
Pudú
Pudu puda
86 cm

Pichi
Pichi
Zaedyus pichiy
41 cm

Quirquincho grande
Larger hairy armadillo
Chaetophractus villosus
48,6 cm

Huillín
Patagonian river otter
Lontra provocax
1 m

Puma
Puma
Puma concolor
2,30 cm

Gato de pajonal
Pampas cat
Oncifelis colocolo
96 cm

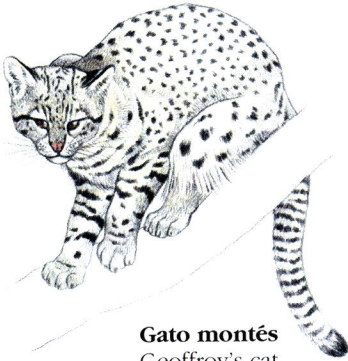

Gato montés
Geoffroy's cat
Oncifelis geoffroyi
94 cm

Gato huiña
Kodkod
Oncifelis guigna
72 cm

Yaguarundí
Jaguarundi
Herpailurus yaguarondi.
1,20 m

Chinchillón anaranjado
Orange chinchillón
Lagidium wolffsohni
78 cm

Chinchillón común
Common chinchillón
Lagidium viscacia
82 cm

Zorrino común
Common skunk
Conepatus chinga
65 cm

Zorrino patagónico
Patagonian skunk
Conepatus humboldtii
55 cm

Hurón menor
Lesser grison
Galictis cuja
65 cm

Huroncito
Patagonian weasel
Lyncodon patagonicus
45 cm

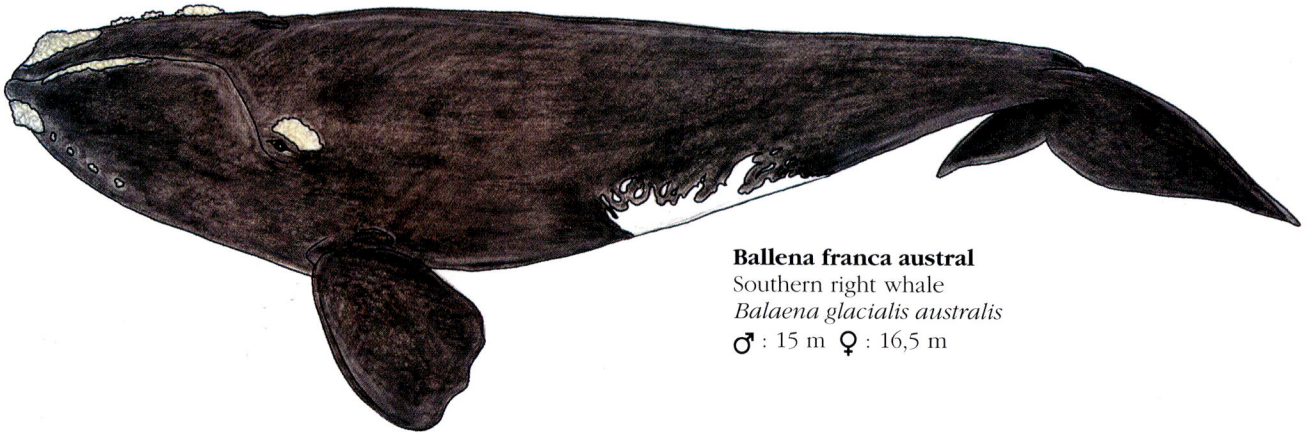

Ballena franca austral
Southern right whale
Balaena glacialis australis
♂ : 15 m ♀ : 16,5 m

Orca
Killer whale
Orcinus orca
♂ : 9,5 m ♀ : 7,5 m

Elefante marino del sur
Southern elephant seal
Mirounga leonina
♂ : 4,5 m ♀ : 2-3 m

Lobo marino de un pelo
Southern sea lion
Otaria flavescens
♂ : 2,3 m ♀ : 1,8 m

Lobo marino de dos pelos
South American fur seal
Arctocephalus australis
♂ : 2 m ♀ : 1,4 m

Tonina overa
Commerson's dolphin
Cephalorhynchus commersonii
1,5 m

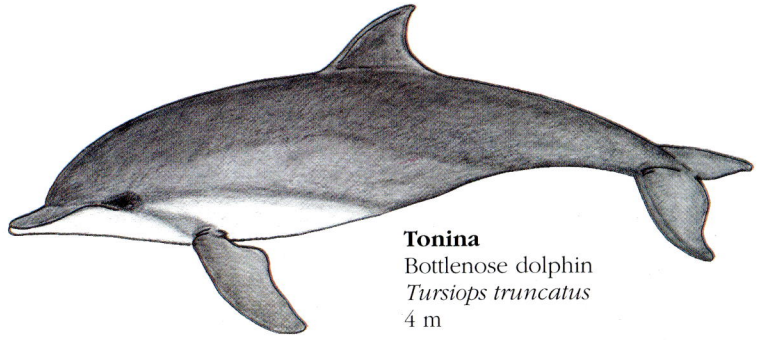

Tonina
Bottlenose dolphin
Tursiops truncatus
4 m

Delfín común
Common dolphin
Delphinus delphis
♂ : 2,60 m ♀ : 2 m

Delfín cruzado
Hourglass dolphin
Lagenorhynchus cruciger
1,8 m

Delfín oscuro
Dusky dolphin
Lagenorhynchus obscurus
2 m

Delfín austral
Peale's dolphin
Lagenorhynchus australis
2,20 m

Delfín liso del sur
Southern right-whale dolphin
Lissodelphis peronii
2 m

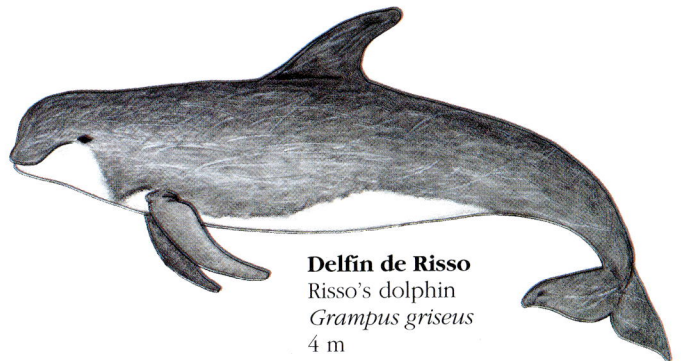

Delfín de Risso
Risso's dolphin
Grampus griseus
4 m

Marsopa espinosa
Burmeister's porpoise
Phocoena spinipinnis
2 m

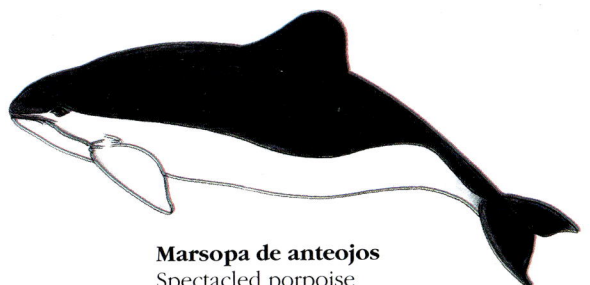

Marsopa de anteojos
Spectacled porpoise
Australophocaena dioptrica
2 m

Cauquén común
Upland goose
Chloephaga picta
54 cm

Cauquén cabeza gris
Ashy headed goose
Chloephaga poliocephala
53 cm

Cauquén cabeza colorada
Ruddy headed goose
Chloephaga rubidiceps
50 cm

Caranca
Kelp goose
Chloephaga hybrida
52 cm

Bandurria baya
Buff necked ibis
Theristicus caudatus
57 cm

Choique
Lesser rhea
Pterocnemia pennata
1,10 m

Flamenco austral
Chilean flamingo
Phoenicopterus chilensis
70 cm

Martineta común
Elegant crested tinamou
Eudromia elegans
39 cm

Tero común
Southern lapwing
Vanellus chilensis
31 cm

Loica común
Long tailed meadowlark
Sturnella loica
22 cm

Carpintero magallánico
Magellanic woodpecker
Campephilus magellanicus
36 cm

Pitío
Chilean flicker
Colaptes pitius
29 cm

Lechucita pampa
Burrowing owl
Speotyto cunicularia
25 cm

Caburé grande
Ferruginous pygmy owl
Glaucidium nanum
19 cm

Cóndor
Andean condor
Vultur gryphus
Envergadura/
Wingspan: 3 m

Aguila mora
Black chested buzzard eagle
Geranoaetus melanoleucos
M:70 cm H: 60 cm

Jote cabeza colorada
Turkey vulture
Cathartes aura
Envergadura/
Wingspan: 1,75 m

Carancho común
Crested caracara
Polyborus plancus
55 cm

Carancho araucano
White throated cara-cara
Polyborus albogularis
47 cm

Chimango
Chimango caracara
Milvago chimango
37 cm

Halcón peregrino
Peregrine falcon
Falco peregrinus
M: 37 cm H: 42 cm

Halcón plomizo
Aplomado falcon
Falco femoralis
M: 33 cm H: 38 cm

Halconcito común
American kestrel
Falco sparverius
M: 25 cm H: 28 cm

Aguilucho común
Red backed hawk
Buteo polyosoma
M: 44 cm H: 52 cm

Gavilán ceniciento
Cinereous harrier
Circus cinereus
M: 40 cm
H: 48 cm

Fiofío Silbador
White crested elaenia
Elaenia albiceps
13 cm

Tordo patagónico
Austral blackbird
Curaeus curaeus
26 cm

Picolezna patagónico
White throated treeruner
Pygarrhichas albogularis
15 cm

Rayadito
Thorn tailed rayadito
Aphrastura spinicauda
14 cm

Zorzal patagónico
Rufous bellied thrush
Turdus rufiventris
23 cm

Diucón
Fire eyed diucon
Pyrope pyrope
19 cm

Gaucho grande
Great shrike tyrant
Agriornis livida
26 cm

Monjita chocolate
Chocolate vented tyrant
Neoxolmis rufiventris
23 cm

Diuca Común
Common diuca finch
Diuca diuca
14 cm

Dormilona cara negra
Dark faced ground tyrant
Muscisaxicola macloviana
15 cm

Canastero coludo
Lesser canastero
Asthenes phyrroleuca
15 cm

Torcaza
Eared Dove
Zenaida auriculata
22 cm

Torcacita
Picui ground dove
Columbina picui
15 cm

Agachona chica
Least seednsipe
Thinocorus rumicivorus
18 cm

Agachona de collar
Gray breasted seedsnipe
Thinocorus orbignyianus
20 cm

Calandria patagónica
Patagonian mockingbird
Mimus patagonicus
22 cm

Yal Negro
Mourning sierra finch
Phrygillus fruticeti
15 cm

Yal Carbonero
Carbonated sierra finch
Phrygillus carbonarius
13 cm

Yal Plomizo
Plumbeous sierra finch
Phrygillus unicolor
13 cm

Chucao
Chucao tapaculo
Scelorchilus rubecula
17 cm

Churrín andino
Andean tapaculo
Scytalopus magellanicus
10 cm

Martín pescador grande
Ringed kingfisher
Ceryle torquata
36 cm

Picaflor rubí
Green backed firecrown
Sephanoides galeritus
9 cm

Golondrina barranquera
Blue and white swallow
Notiochelidon cyanoleuca
11 cm

Golondrina patagónica
Chilean swallow
Tachycineta leucopyga
13 cm

P A T A G O N I A

Albatros ojeroso
Black browed albatross
Diomedea melanophrys
Envergadura/Wingspan:
2,20 m

Petrel gigante común
Southern giant petrel
Macronectes giganteus
Envergadura/Wingspan:
2,15 m

Gaviota cocinera
Kelp gull
Larus dominicanus
55 cm

Gaviota gris
Dolphin gull
Leucophaeus scoresbii
38 cm

Salteador grande
Great skua
Catharacta skua
55 cm

Paloma antártica
Snowy sheathbill
Chionis alba
35 cm

Gaviotín golondrina
Common tern
Sterna hirundo
30 cm

Gaviotín real
Royal tern
Sterna maxima
44 cm

Gaviotín sudamericano
South American tern
Sterna hirundinacea
38 cm

Cormorán roquero
Rock cormorant
Phalacrocorax magellanicus
57 cm

Cormorán imperial
Blue eyed cormorant
Phalacrocorax atriceps
60 cm

Cormorán gris
Red legged cormorant
Phalacrocorax gaimardi
50 cm

Biguá
Neotropic cormorant
Phalacrocorax olivaceous
63 cm

Pato vapor cabeza blanca
Chubut steamer duck
Tachyeres leucocephalus
80 cm

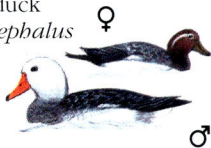

Pato vapor volador
Flying steamer duck
Tachyeres patachonicus
65 cm

Pato vapor austral
Flightless steamer duck
Tachyeres pteneres
80 cm

Pingüino pico rojo
Gentoo penguin
Pygoscelis papua
48 cm

Pingüino patagónico
Magellanic penguin
Spheniscus magellanicus
44 cm

Pingüino penacho amarillo
Rockhopper penguin
Eudyptes crestatus
40 cm

Pingüino frente dorada
Macaroni penguin
Eudyptes chrysolopus
45 cm

Chorlito doble collar
Two banded plover
Charadrius falklandicus
16 cm

Ostrero común
American oystercatcher
Haematopus palliatus
35 cm

Ostrero negro
Blackish oystercatcher
Haematopus ater
36 cm

Ostrero magallánico
Magellanic oystercatcher
Haematopus leucopodos
35 cm

Playerito rabadilla blanca
White rumped sandpiper
Calidris fuscicollis
15 cm

Playerito blanco
Sanderling
Calidris alba
17 cm

© Copyright 2001 M. D. Beccaceci Ilustrador: M. Gianecchini

Loro barranquero
Burrowing parrot
*Cyanoliseus
patagonus*
42 cm

Cachaña
Austral parakeet
*Enicognathus
ferrugineus*
31 cm

Remolinera común
Bar winged cinclodes
Cinclodes fuscus
16 cm

Remolinera araucana
Dark bellied cinclodes
Cinclodes patagonicus
18 cm

**Cabecitanegra
austral**
Black chinned siskin
Carduelis barbata
12 cm

Jilguero austral
Patagonian yellow
finch
Sicalis lebruni
13 cm

Comesebo patagónico
Patagonian sierra finch
Phrygilus patagonicus
14 cm

Comesebo andino
Gray hooded sierra finch
Phrygilus gayi
15 cm

Chingolo
Rufous collared
sparrow
Zonotrichia capensis
12 cm

Sobrepuesto
Rufous backed
negrito
Lessonia rufa
11 cm

Cisne de cuello negro
Black necked swan
Cygnus melancoryphus
80 cm

Cisne coscoroba
Coscoroba swan
Coscoroba coscoroba
65 cm

Pato de torrente
Torrent duck
Merganetta armata
30 cm

Pato maicero
Brown pintail
Anas georgica
39 cm

Pato barcino
Speckled teal
Anas flavirostris
33 cm

Pato anteojillo
Spectacled duck
Anas specularis
40 cm

Pato overo
Southern wigeon
Anas sibilatrix
37 cm

Pato picazo
Rosy billed pochard
Netta peposaca
43 cm

Pato zambullidor grande
Andean ruddy duck
Oxyura ferruginea
37 cm

Pato zambullidor chico
Lake duck
Oxyura vittata
31 cm

Gallareta chica
White winged coot
Fulica leucoptera
30 cm

Macá común
White tufted grebe
Podiceps rolland
23 cm

Macá plateado
Silvery grebe
Podiceps occipitalis
25 cm

Macá tobiano
Hooded grebe
Podiceps gallardoi
28 cm

Huala
Great grebe
Podiceps major
44 cm

FLORA

Araucaria
Araucaria
Araucaria araucana
40 m

Maitén
Maitén
Maitenus boaria
20 m

Ciprés
Austral cypress
Austrocedrus chilensis
25 m

Arrayán
Arrayán
Luma apiculata
12 m

Alerce
Larch
Fitzroya cupressoides
70 m

Lenga
High deciduous beech
Nothofagus pumilio
30 m

Ñire
Low deciduous beech
Nothofagus antarctica
15 m

Coihue
Evergreen beech
Nothofagus betuloides
30 m

Raulí
Northern beech
Nothofagus nervosa
30 m

Roble Pellín
Pyramid beech
Nothofagus obliqua
30 m

Canelo
Winter's bark
Drimys winteri
2 m

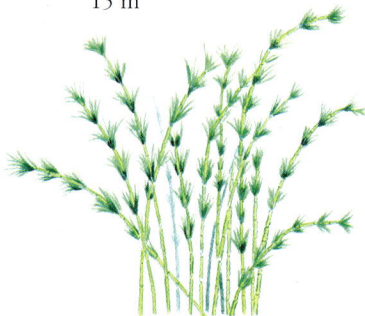

Caña colihue
Colihue cane
Chusquea culeou
6 m

Senecio
Senecio
Senecio spp.
80 cm

Mata negra
Fashine
Verbena tridens
1,5 m

Calafatillo
Sand calafate
Berberis empetrifolia
45 cm

Neneo
Neneo
Mullinum spinosum
80 cm

Yareta
Yareta
Azorella spp.
15 cm

Calafate
Box-leafed barberry
Berberis buxifolia
3 m

Michay
Holly-leafed barberry
Berberis ilicifolia
2 m

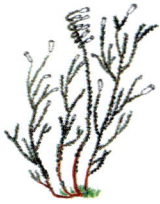

Colapiche
Colapiche
Nassauvia glomerulosa
80 cm

Quilenbai
Quilembai
Chuquiraga avellanedae
1,5 m

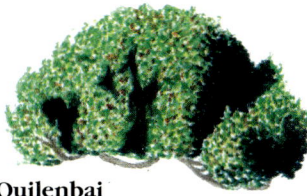

Jarilla
Jarilla
Larrea divaricata
1,8 m

Coirón
Coirón
Festuca spp.
Stipa spp.
40 cm

Chaura
Prickly heath
Pernettya mucronata
80 cm

Murtilla
Diddledee
Empetrum rubrum
40 cm

Anémona
Native anemone
Anemone multifida
40 cm

Amancay
Amancay
Alstroemeria aurantiaca
1 m

Paramela
Paramela
Adesmia boronoides
70 cm

Don diego de la noche
Don diego de la noche
Oenothera odorata
50 cm

Chilco
Native fuchsia
Fuchsia magellanica
3 m

Botellita
Small bottle
Mitraria coccinea
3 m

Siete camisas
Siete camisas
Escallonia rubra
2 m

Notro
Firebush
Embothrium coccineum
6 m

Perezia azul
Blue perezia
Perezia recurvata
20 cm

Arvejilla
Magellan pea
Lathyrus magallanicus
45 cm

Retamo
Broom
Diostea junceae
5 m

Canchalagua
Native gentian
Gentianella magellanica
25 cm

Topa topa
Wood's lady slipper
Calceolaria biflora
25 cm

Zapatito de la virgen
Sand lady slipper
Calceolaria uniflora
15 cm

Siempreviva
Sea pink
Armeria maritima
30 cm

Campanita
Streaked maiden
Phaiophleps biflora
30 cm

Varita amarilla
Yellow orchid
Gavilea lutea
50 cm

Palomita
Dog orchid
Codonorchis lessonii
30 cm

Botón de oro
Pedunculate buttercup
Viola reichei
15 cm

Violeta amarilla
Yellow violet
Ranunculus peduncularis
45 cm

Lirio verde
Magellan orchid
Chloraea magellanica
40 cm

Ilustrador: G. Aparicio

Ballena azul
Blue whale
Balaenoptera
musculus
32 m

Ballena fin
Fin whale
Balaenoptera physalus
♂ : 22 m ♀ : 24 m

Cachalote
Sperm whale
Physeter
macrocephalus
♂ : 17 m ♀ : 13 m

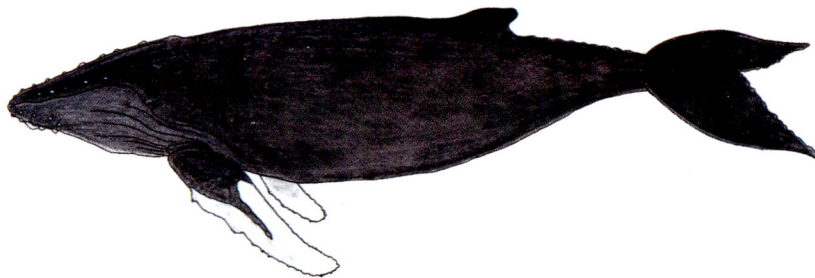

Ballena jorobada
Humpback whale
Megaptera
novaeangliae
♂ : 15 m ♀ : 16 m

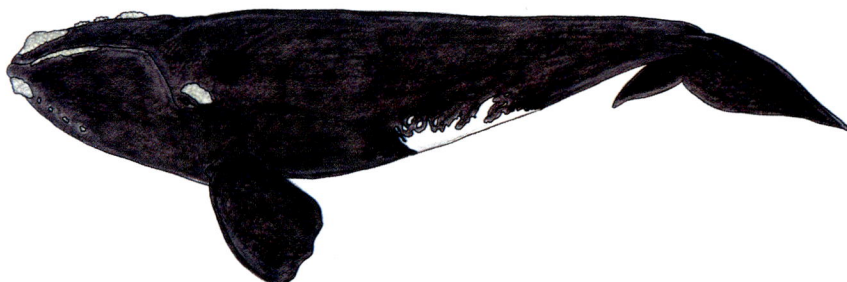

Ballena franca austral
Southern right whale
Balaena glacialis
australis
♂ : 15 m ♀ : 16,5 m

Ballena sei
Sei whale
Balaenoptera borealis
♂ : 15 m ♀ : 16 m

ANTARTIDA - ANTARCTICA

MAMIFEROS MARINOS

MARINE MAMMALS

Ballena minke
Minke whale
Balaenoptera acutorostrata
♂ : 9,8 m ♀ : 10,7 m

Orca
Killer whale
Orcinus orca
♂ : 9,5 m ♀ : 7,5 m

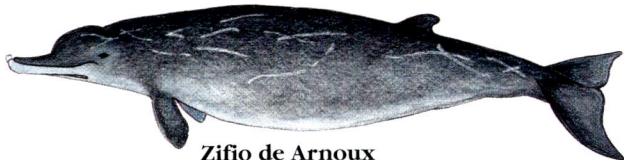

Zifio de Arnoux
Arnoux's beaked whale
Berardius arnuxii
10 m

Zifio nariz de botella
Southern bottlenose whale
Hyperoodon planifrons
8 m

Zifio de Cuvier
Cuvier's beaked whale
Ziphius carvirostris
7 m

Delfín picudo de Gray
Gray's beaked whale
Mesoplodon grayi
6 m

Calderón
Long-finned pilot whale
Globicephala melas
♂ : 6,2 m ♀ : 5,4 m

Delfín liso del sur
Southern right-whale dolphin
Lissodelphis peronii
2 m

Delfín cruzado
Hourglass dolphin
Lagenorhynchus cruciger
1,8 m

Foca de Wedell
Weddell seal
Leptonychotes weddellii
♂ : 2,5 m ♀ : 3 m

Foca leopardo
Leopard seal
*Hydrurga
leptonyx*
♂ : 3 m ♀ : 3,5 m

Foca de Ross
Ross seal
Ommatophoca rossii
2,5-3 m

Foca cangrejera
Crabeater seal
*Lobodon
carcinophagus*
♂ : 2 m ♀ : 2,5 m

Elefante marino del sur
Southern elephant seal
Mirounga leonina
♂ : 4-5 m ♀ : 2-3 m

♂
♀

**Lobo marino
antártico**
Antarctic fur seal
*Arctocephalus
gazella*
♂ : 2 m ♀ : 1,3 m

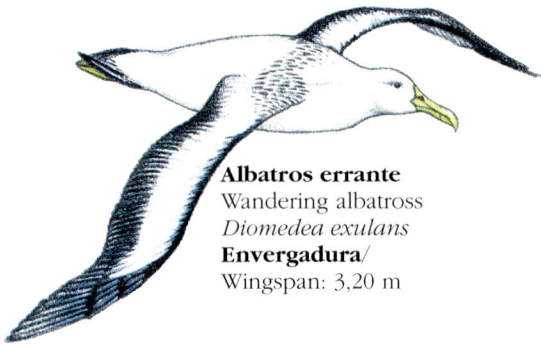

Albatros errante
Wandering albatross
Diomedea exulans
Envergadura/
Wingspan: 3,20 m

Albatros manto claro
Light mantled albatross
Phoebetria palpebrata
Envergadura/
Wingspan: 2,10 m

Albatros cabeza gris
Gray headed albatross
Diomedea chrysostoma
Envergadura/Wingspan: 2 m

Albatros ojeroso
Black browed albatross
Diomedea melanophrys
Envergadura/Wingspan:
2,20 m

Fulmar austral
Southern fulmar
Fulmarus glacialoides
Envergadura/Wingspan:
1,10 m

Petrel antártico
Antarctic petrel
Thalassoica antarctica
Envergadura/
Wingspan: 1 m

Petrel blanco
Snow petrel
Pagodroma nivea
Envergadura/
Wingspan: 80 cm

Salteador grande
Great skua
Catharacta skua
55 cm

Petrel damero
Cape petrel
Daption capense
Envergadura/
Wingspan: 90 cm

Salteador antártico
South polar skua
Catharacta maccormicki
52 cm

Gaviotín ártico
Arctic tern
Sterna paradisea
33 cm

Petrel gigante común
Southern giant petrel
Macronectes giganteus
Envergadura/Wingspan:
2,15 m

Petrel negro
White chinned petrel
Procellaria aequinoctialis
Envergadura/Wingspan:
1,35 m

Petrel azulado
Blue petrel
Halobaeba caerulea
30 cm

Gaviotín antártico
Antarctic tern
Sterna vittata
34 cm

Paíño vientre negro
Black bellied storm petrel
Fregetta tropica
Envergadura/
Wingspan: 48 cm

Paíño común
Wilson's storm petrel
Oceanites oceanicus
Envergadura/
Wingspan: 40 cm

Prión pico ancho
Dove prion
Pachyptila desolata
28 cm

Prión pico fino
Slender billed prion
Pachyptila belcheri
26 cm